AUCH AFFEN
FALLEN MAL
VON BÄUMEN

ELLA FRANCES SANDERS

AUCH AFFEN FALLEN MAL VON BÄUMEN

Kuriose Sprichwörter aus der ganzen Welt

DUMONT

VORWORT

Dieses Buch ist Wortliebhabern gewidmet, jenen, die eine einzige Sprache beherrschen, und jenen, die sich in zahlreichen Fremdsprachen ausdrücken können, Älteren und Jüngeren, Leuten mit großen Erwartungen und noch größeren Träumen, Menschen, die noch unsicher sind, wo sie stehen, und allen, die es in die Hand genommen haben, ohne genau zu wissen, was es ist …

›Auch Affen fallen mal von Bäumen‹ nimmt Sie mit in die Welt der seltsamen und wunderbaren Redewendungen aus verschiedensten Sprachen. Es müsste viele Tausend Seiten umfassen (und in etlichen Bänden fortgesetzt werden), um alle skurrilen, zauberhaften und genialen Sprichwörter zu enthalten, die wir benutzen: Aber es ist ein Anfang – für Sie und für mich.

Die hier versammelten 52 Sprüche, Redewendungen und idiomatischen Ausdrücke lassen Sie die Welt um sich herum neu wahrnehmen. Ich hoffe, dass sie Ihren Alltag beleben und Ihren Blick schärfen, sodass Sie Dinge sehen, die Sie bisher nicht bemerkt haben. Die meisten dieser Redewendungen beziehen sich in der einen oder anderen Weise auf die Natur (auf die Landschaften, Tiere und Pflanzen, neben denen schon unsere Vorfahren aufgewachsen sind), und das sagt eine ganze Menge darüber aus, wie wir in der Vergangenheit gedacht haben und wie wir heute denken – ganz gleich, ob das Sprichwort aus einer skandinavischen oder einer afrikanischen Sprache stammt. In der Hoffnung, die richtigen Formulierungen herauszufischen, werfen wir unsere Angel in die Tiefen der Sprachen aus und holen Wörter in unsere Köpfe ein, um Situationen oder Ereignisse begreifen und interpretieren zu können.

In dem aus Brandon Stantons Fotoprojekt entstandenen Buch ›Humans of New York‹ gibt es ein Zitat, das ich nicht vergessen kann: »Ich lerne, mit meinen Worten sorgfältiger umzugehen. Worte, die zunächst bedeutungslos erscheinen, können im Nachhinein eine große Macht haben. Samen, die man gar nicht aussäen wollte, können irgendwohin geweht werden und in Menschen wachsen.«

Seit ich das gelesen habe, gehen mir die damit verbundenen Bilder nicht mehr aus dem Kopf, und diese paar Worte sind während meiner Arbeit an dem Buch geduldig bei mir geblieben. Ich kann Sprache nicht mehr einfach nur als Buchstaben und Wörter sehen; ich sehe Sprache eher als riesige Pflanzen mit winzigen Samen und blühenden Ranken, die langsam, aber sicher um uns herumwachsen, während wir durch diese Welt wandern und versuchen zu lernen, wie wir leben sollen.

Die Redewendungen in diesem Buch sind wie diese Pflanzen, die in vielen Fällen schon seit Jahrhunderten wachsen, von Generation zu Generation weitergegeben, von Gemeinschaft zu Gemeinschaft gepflegt. Sie haben uns geholfen, uns selbst und andere zu verstehen – bei Ereignissen, die wir zusammen oder allein erleben. Die Ausdrücke, die Sie auf den folgenden Seiten finden, wurden von verschiedenen Völkern und Kulturen geprägt und haben diese wiederum beeinflusst. Sie trösten uns, bringen uns zum Lachen und ermöglichen uns, sowohl die alltäglichen wie auch die großen Momente zu beschreiben, die unser Leben bereichern. In ihnen geht es um Vögel und Honig und Seen. Um tanzende Bären und zerbrochene Krüge. Um Biskuit und Wolken und Radieschen.

Diese Redewendungen sind alterslos, zeitlos. Dem Wandel unterworfen und doch im Gedächtnis verewigt.

Und jetzt gehören sie Ihnen.

FRANZÖSISCH

Die Vorstellung ist absolut lächerlich – warum um alles in der Welt sollte jemand mit dem Fahrrad durch Sauerkraut fahren? Im übertragenen Sinn bedeutet dieser Ausdruck, dass man nicht mehr weiterweiß oder »den Faden verloren« hat, man »steht auf dem Schlauch«, »tappt im Dunkeln«. Konkret kann die Wendung heißen, dass etwas keine Fortschritte mehr macht und wirkungslos ist, dass die Räder durchdrehen. Anders als bei vielen anderen seltsamen Ausdrücken gibt es hier tatsächlich einen Zusammenhang zwischen Inhalt und Ursprung, denn die Redensart kommt von den frühen Tour-de-France-Rennen. An den Besenwagen – den Fahrzeugen, die den Radsportlern folgen und Nachzügler einsammeln, wenn sie die Strecke nicht in der vorgegebenen Zeit schaffen – waren damals oft Werbeplakate für Sauerkraut angebracht.

pédaler dans la choucroute

IM SAUERKRAUT RADELN

FRANZÖSISCH

Das französische Wort *cafard* hat mehrere Bedeutungen. Man bezeichnet damit nicht nur eine Kakerlake, sondern auch einen Denunzianten und ein allgemeines Gefühl der Melancholie oder Trübsinnigkeit. Die Bedeutung »Melancholie« soll der Dichter Charles Baudelaire 1857 in seinem berühmten Gedichtband ›Les Fleurs du Mal‹ (»Die Blumen des Bösen«) eingeführt haben. Bei Baudelaire stand die Kakerlake für Traurigkeit und Verzweiflung: So, wie Kakerlaken ein Haus befallen, können finstere Gedanken in den Kopf eindringen, sich dort einnisten und ausbreiten, obwohl sie meist unerwünscht sind. So schön poetisch und bildlich dieser Ausdruck auch ist, sollte man die Kakerlaken doch unter Kontrolle halten.

JAPANISCH

Auch Affen fallen mal von Bäumen? Unsinn. Warum sollte ein Affe denn vom Baum fallen? Nun ja, dieses Sprichwort (eins der bekanntesten in der japanischen Sprache) weist darauf hin, dass jeder mal etwas falsch versteht, dass selbst die Schlausten, die Gebildetsten, die Erfahrensten unter uns immer noch Fehler machen. Es eignet sich wunderbar, um übersteigertes Selbstbewusstsein zu dämpfen. Ein gutes Beispiel dafür ist der Eiskunstlauf – selbst Sportler, die jahrelang täglich trainieren, fallen trotzdem zwangsläufig irgendwann auf die Nase. Was uns zu dem typisch deutschen Wort »Schadenfreude« bringt …

猿も木から落ちる

auch fallen mal von Affen Bäumen

KOREANISCH

Fällt die Birne herunter, weil die Krähe davonfliegt? Oder fliegt die Krähe davon, weil die Birne herunterfällt? Dieses Sprichwort bedeutet, dass zwei gleichzeitige, scheinbar verbundene Ereignisse nicht unbedingt in einem kausalen Zusammenhang stehen – sie können genauso gut überhaupt nichts miteinander zu tun haben. Trotzdem spekulieren wir in solchen Fällen gern, denn unser Gehirn ist darauf trainiert, Dinge mit Bedeutungen zu verknüpfen, wenn sie so perfekt zusammenfallen. Scheinkorrelationen sind ein so großes Problem – in der Finanzwelt, in der Politik und besonders in der Philosophie –, dass es sogar eigene Namen dafür gibt: »Apophänie« oder »Musteritis«. Kurz gesagt neigen wir dazu, bedeutungsvolle Muster in bedeutungslosen Informationen zu sehen.

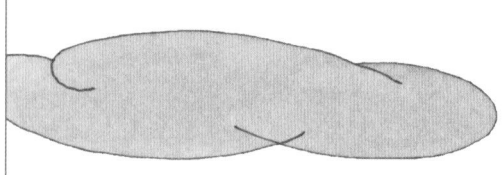

SERBISCH

Wenn man mit der Nase Wolken aufreißt, ist man aufgeblasen, eingebildet, geradezu arrogant. Hierbei wird angenommen, dass man a) die Nase hoch trägt und b) sich selbst so toll findet, dass man irgendwie auf der Höhe der Wolken gelandet ist – man ist »hochnäsig«. Wenn man sich Redensarten anderer Sprachen genauer ansieht, kann man Bizarres und Wunderbares entdecken, und im Serbischen gibt es großartige Ausdrücke wie zum Beispiel »Ich bin nicht von einem Birnbaum gefallen« *(Nisam pao s kruške),* was so viel heißt wie »Ich bin doch nicht von gestern«, und eine eigene Version von »Wenn Ostern und Weihnachten auf einen Tag fallen«, nämlich »Wenn Trauben an Weiden wachsen« *(Kad na vrbi rodi grožđe).*

NOSOM PARA OBLAKE

er reißt mit der Nase Wolken auf

UNGARISCH

Dies ist eine (zumindest annähernd) höfliche Art auszudrücken, dass jemand von einer Sache keinen Schimmer hat. Dass er die Dinge nicht im Griff hat und daher wahrscheinlich keine gute Informationsquelle ist. Ein japanisches Sprichwort besagt: »Wenn du die höchsten Wahrheiten lernen willst, beginne mit dem Alphabet.« Aber Hennen – die gewöhnlich nicht als Verkünderinnen der höchsten Wahrheiten gelten – wissen selbstverständlich nicht viel über das Alphabet. Dennoch sind Hühner ziemlich schlaue und sehr neugierige Vögel. Sie laufen den Menschen hinterher, schauen ihnen bei der Gartenarbeit oder beim Wäscheaufhängen zu und spielen allgemein gern Aufseher. Also ist es vielleicht ganz gut, dass sie nicht lesen können, sonst würde sie diese Redensart sicher etwas kränken.

LETTISCH

Wenn man Entchen bläst, produziert man eine Menge heiße Luft, redet Unsinn oder erzählt Lügen. Wird man in Lettland also aufgefordert, »Entchen zu blasen«, heißt das logischerweise, dass der andere einen durchschaut und weiß, dass man nicht die Wahrheit sagt. Lettisch ist eine ostbaltische Sprache und am engsten mit Litauisch verwandt. Aus der Region stammen aber auch die Sprachen Lettgallisch, Selonisch und Nehrungskurisch, die dem Lettischen so sehr ähneln, dass Uneinigkeit herrscht, ob es sich nicht doch nur um Dialekte handelt. Die baltischen Sprachen sind für Sprachwissenschaftler besonders interessant, denn sie enthalten noch archaische Elemente und Merkmale einer Ursprache, die um 3500 v. Chr. gesprochen wurde und als gemeinsame Vorläuferin der indogermanischen Sprachen gilt.

PUST PILITES Entchen blasen

PORTUGIESISCH

Dieses Sprichwort steht definitiv nicht allein – es befindet sich in guter Gesellschaft mit der deutschen Redensart »Perlen vor die Säue werfen« und der englischen Wendung »Kaviar für das Volk« *(giving caviar to the general)*. Bei allen geht es um die Sinnlosigkeit, jemandem etwas Wertvolles zu geben, der das nicht schätzen kann oder will, und jemandem Gutes zu tun, der das nicht verdient. Warum sollte man schließlich einen Esel mit Biskuittorte füttern, wenn er doch die leichte, luftige Textur und den Hauch Marmelade in der Mitte vermutlich nicht gebührend anerkennen wird? Portugiesische Esel haben es nicht leicht; man sagt ihnen außerdem nach, sie könnten im Alter keine Fremdsprachen mehr lernen *(Burro velho não aprende línguas)*, was dem englischen Sprichwort, man könne »einem alten Hund keine neuen Kunststücke beibringen« *(You can't teach an old dog new tricks)*, entspricht – im Deutschen kommen wir hier ohne Tiermetaphern aus: »Was Hänschen nicht lernt, lernt Hans nimmermehr.«

Alimentar um burro a pão de ló

EINEN ESEL MIT BISKUIT FÜTTERN

SPANISCH

Wenn man jemanden seine Orangenhälfte nennt, bezeichnet man ihn (auf eine formlose, liebevolle Art) als seinen Seelenverwandten, seine große Liebe, und dieser Kosename ist im Spanischen weit verbreitet. Aber warum benutzt man dafür eine Zitrusfrucht? Was kann denn an einer Orange liebenswert sein? Nun ja, eine mögliche Erklärung ist, dass es (da keine zwei Orangen in ihrer inneren Aufteilung einander gleichen) für jede Orangenhälfte immer nur eine einzige perfekte Ergänzung gibt. Eine andere Theorie führt den Ausdruck auf die antike griechische Literatur zurück, in der Platon den Dichter Aristophanes vom Kugelmenschen-Mythos erzählen lässt: Dem zufolge waren die Menschen ursprünglich Mann-Mann, Mann-Frau oder Frau-Frau, bis Zeus sie trennte. Seither sind wir auf der andauernden, manchmal fruchtbaren Suche nach unserer »besseren Hälfte«.

tu eres mi media naranja

du bist meine Orangenhälfte

FINNISCH

Diese Redensart haben wir mit den Finnen gemeinsam: Eigentlich würde sich die betreffende Katze am liebsten sofort auf die Schüssel mit Milch und Haferflocken stürzen, aber der Brei ist noch zu heiß, also läuft sie immer wieder darum herum und wartet, dass die Zeit vergeht. Auf einen Menschen bezogen bedeutet diese idiomatische Wendung, dass jemand unheimlich neugierig auf etwas ist oder unbedingt etwas sagen oder machen will, sich aber nicht dazu durchringen kann. Vielleicht druckst derjenige ein bisschen herum oder muss (frustrierenderweise) auf den richtigen Moment warten. Der Ausdruck funktioniert wie die englische Wendung »um den Busch herumschlagen« *(to beat around the bush)* und unser »auf die lange Bank schieben«, das ebenfalls gebraucht wird, wenn jemand etwas immer wieder verschiebt oder es vermeidet, zur Sache zu kommen.

KIERTÄÄ KUIN KISSA KUUMAA PUUROA

wie die Katze um den heißen Brei schleichen

DEUTSCH

Es gibt jede Menge Redensarten, die sich auf den Tod beziehen, und sie sagen viel darüber aus, wie wir damit umgehen und dazu stehen. Ganz logisch (wie üblich im Deutschen): Wenn man sich die Radieschen von unten ansieht, ist man tot und begraben. »Radieschen« kommt von radix, dem lateinischen Wort für »Wurzel«. Im Englischen und Französischen gibt es ganz ähnliche Ausdrücke: »die Gänseblümchen hochdrücken« *(pushing up the daisies)* und »den Löwenzahn von der Wurzel her essen« *(manger les pissenlits par la racine)*. In dieselbe Kategorie gehören weitere Synonyme für das Sterben wie »ins Gras beißen« oder »den Löffel abgeben«. Apropos – dazu gibt es einen großartigen Sketch von Monty Python! Suchen Sie im Internet nach »Monty Python Papagei« und machen Sie sich auf britischen Humor gefasst.

sich die Radieschen von unten ansehen

ENGLISCH

Warum sagt man auf Englisch zu kleinen, frechen Kindern, sie sollen »auf ihre Ps und Qs achten«? Diese Ermahnung, sich anständig zu benehmen und höflich zu sein, stammt aus der Zeit der Druckpresse, die um 1440 entwickelt wurde. Die Druckpresse zählt zu den wichtigsten Erfindungen des vergangenen Jahrtausends und hat die Welt der Bücher und die Verbreitung von Nachrichten und Ideen grundlegend verändert. Für den Druck musste man jedoch die Buchstaben spiegelverkehrt anordnen, und in manchen Schriftarten, vor allem den weniger ausgearbeiteten, sahen sich das kleine p und das kleine q zum Verwechseln ähnlich. Die Redensart entstand also als eine Warnung an die Schriftsetzer, bei diesen zwei Buchstaben besonders vorsichtig zu sein, weil ein Fehler ein falsch geschriebenes Wort oder einen unverständlichen Satz zur Folge haben konnte.

Mind your P's and Q's

ACHTE AUF DEINE Ps UND Qs

HINDI

Eine bekannte philosophische Frage lautet: Wenn im Wald ein Baum umfällt und niemand es hört, macht er dann ein Geräusch? Mit solchen Problemen quälen uns die Denker seit Jahrhunderten und zwingen uns, unsere Wahrnehmung und das menschliche Verständnis der Wirklichkeit infrage zu stellen. Diese Redewendung aus dem Hindi zielt so ziemlich auf dasselbe ab, lässt sich aber viel besser auf unser heutiges Leben übertragen: Hat etwas einen Wert, wenn niemand davon erfährt? Muss sich etwas (zum Beispiel ein tanzender Pfau) im öffentlichen Raum befinden, um geschätzt und anerkannt zu werden? Aber möglicherweise ist das dem tanzenden Pfau egal und er braucht kein Publikum – vielleicht tanzt er gern allein.

जंगल में मोर नाचा किस ने देखा ?

wer hat den Pfau im Dschungel tanzen sehen ?

SCHWEDISCH

Wer auf einem Krabbenbrot hereinrutscht, hatte es wahrscheinlich sehr leicht und musste sich nicht besonders anstrengen, um finanziellen Wohlstand zu erreichen. Bei uns wurde so jemand »mit einem goldenen Löffel im Mund geboren« (wobei der goldene Löffel für ererbten Reichtum steht). Die Redewendung impliziert außerdem, dass besagtes Vermögen weder verdient ist noch geschätzt wird. Wie oft privilegierte Schweden tatsächlich auf Krabbenbroten herumschlittern, ist nicht bekannt, aber es ist ihnen durchaus zuzutrauen; solche Brote sind schon lange ein fester Bestandteil ihrer Kultur, und der berühmte schwedische Gastronom Leif Mannerström hat das mit Krabben belegte Brot einmal als eine »Speise für die Götter« bezeichnet.

glida in på en räkmacka

AUF EINEM KRABBENBROT HEREINRUTSCHEN

INDONESISCH

Wie zu erwarten geht es hier um eine Art Multitasking – man macht mehr als eine Sache auf einmal. Wenn man schwimmt, kann man auch gleich Wasser trinken. Die englische Entsprechung dazu ist »zwei Vögel mit einem Stein töten« *(killing two birds with one stone)*, im Deutschen »zwei Fliegen mit einer Klappe schlagen«. Natürlich kann man das Wasser, in dem man schwimmt, meist nicht trinken, sodass es wohl doch klüger ist, den Mund geschlossen zu halten. Indonesien ist der viertbevölkerungsreichste Staat der Welt, aber mehr als 40 Millionen Menschen haben keinen Zugang zu sauberem, vor Verschmutzung geschütztem Wasser. Indonesisch gehört zwar zu den meistgesprochenen Sprachen weltweit, doch die Muttersprache der meisten Indonesier ist nicht Indonesisch, sondern eine der über 700 indigenen Sprachen.

SAMIL BERENANG, MINUM AIR

wenn du schwimmst, trink Wasser

 NIEDERLÄNDISCH

Diese niederländische Redensart fasst perfekt den Zustand zusammen, wenn etwas oder jemand weder das eine noch das andere ist. Man kann damit die unangenehme Phase zwischen Kindheit und Erwachsenenalter, aber auch andere Dinge beschreiben: eine nicht ganz ausreichende Mahlzeit, einen dürftigen Pass bei einem Fußballspiel oder sogar eine potenzielle neue Wohnung. Ein Text kann »zu klein für eine Tischdecke, aber zu groß für eine Serviette« sein, wenn er zu kurz für ein Buch, aber zu lang für eine Veröffentlichung als Artikel ist. Sogar in Büchern über die Rolle der Niederlande im Ersten Weltkrieg kommt der Ausdruck vor: Ein liberaler niederländischer Politiker namens Willem Hendrik de Beaufort hat den Satz gesagt, als man ihn nach einem Bündnis zwischen den Niederlanden und Belgien fragte. Insgesamt ist die Wendung äußerst vielseitig anwendbar, ob man nun von Sport, Politik oder sonst irgendeinem Bereich des täglichen Lebens spricht.

TE KLEIN VOOR EEN TAFELLAKEN EN TE GROOT VOOR EEN SERVET

zu klein für eine Tischdecke und zu groß für eine Serviette

MANDARIN

Ohne Kontext ergibt die Redewendung »Pferd Pferd, Tiger Tiger« keinen Sinn. Sie wird verwendet, um »so lala« auszudrücken – nicht großartig, aber auch nicht schlecht; mittelmäßig. Idiomatische Ausdrücke, die »so lala« bedeuten, gibt es in vielen Sprachen, zum Beispiel im Englischen *(so–so)*, Französischen *(comme ci, comme ça)*, Isländischen *(svona svona)* und Polnischen *(tak sobie)*. Die Mandarin-Version stammt aus einer Geschichte über einen Maler: Er malte ein Tier, das halb Pferd und halb Tiger war – niemand kaufte das Bild oder bewunderte es auch nur, weil es weder das eine noch das andere war. Aktuell gibt es Bedenken, dass Chinesisch und Englisch zu sehr miteinander verschmelzen und das Chinesische nicht »rein« bleibt, wenn weiterhin englische Wörter in die chinesische Sprache eingehen und umgekehrt. Aber Sprachen sind wie durchlässige Membranen, und Wörter fließen hin und her, hierhin und dorthin, wandern von einer Seite der Erde auf die andere.

KASCHMIRI

Diese Redensart wird oft in der Politik gebraucht, um mangelhafte Regierungen oder Institutionen zu beschreiben. Sie erinnert an die deutsche Wendung »vor die Hunde gehen«, die eine ähnliche Bedeutung hat, für die es aber vielleicht vielfältigere Anwendungsmöglichkeiten gibt. Der kaschmirische Ausdruck ist hier in lateinischen Buchstaben geschrieben, die allgemein benutzt werden können, aber eigentlich schreibt man Kaschmiri in den Schriften Sharada, Devanagari oder Persoarabisch. Kaschmiri ist eine der indischen Amtssprachen und hat etwa fünfeinhalb Millionen Sprecher – vor allem im Kaschmirtal in Jammu und Kashmir in Nordindien, aber auch in Pakistan. Die kaschmirische Literatur ist berühmt, denn Kaschmiri ist die einzige dardische Sprache, die eine etablierte literarische Tradition hat. Sie reicht über 750 Jahre zurück – etwa so weit wie die des modernen Englisch.

IRISCH

Wenn man auf dem Rücken des Schweins sitzt, fühlt man sich ziemlich gut, richtig super, »sauwohl« – man ist erfolgreich, glücklich, wohlhabend, lebt »auf großem Fuß«, so was eben. Diese irische Redewendung ist seit dem 17. Jahrhundert belegt, und die englische Version erscheint seit dem 19. Jahrhundert in schriftlicher Form. Anscheinend gibt es keinen gemeinsamen Ursprung von *on the pig's back* (»auf dem Rücken des Schweins«) und *piggyback* (»huckepack«) oder auch dem ähnlichen amerikanischen Ausdruck *high on the hog* (»hoch auf dem Schwein«), der bedeutet, »in Saus und Braus« zu leben. Auch wenn es keine offensichtlichen Zusammenhänge zwischen diesen schweinischen Wendungen gibt, überrascht es dennoch nicht, dass dieses Tier so oft in Redewendungen auftaucht. Seit Jahrhunderten hat der Mensch eine sehr enge bäuerliche Beziehung zum Schwein.

Tá mé ar muin na muice

ICH BIN AUF DEM RÜCKEN DES SCHWEINS

AUSTRALISCHES ENGLISCH

Die Australier sind sehr stolz auf ihren umgangssprachlichen Slang, der allein ein Buch füllen könnte (und das auch schon vielfach getan hat). Bei diesem Ausdruck handelt es sich um einen Vergleich, der oft als Abschiedsfloskel gebraucht wird, wenn man schnell weg muss. Er spielt mit den verschiedenen Bedeutungen des Wortes *off*, das zum einen »weg, fort« meint, unter anderem aber auch »verdorben«. Nach demselben Prinzip funktioniert zum Beispiel die deutsche Redewendung »voll wie ein Eimer sein« (in der passenderweise ebenfalls ein Vergleich mit einem Eimer vorkommt) – hier wird mit den Bedeutungen von »voll« gespielt, das nicht nur »ganz gefüllt«, sondern auch »betrunken« heißen kann.

HEBRÄISCH

Das hier ist sozusagen die hebräische Variante von »Aus den Augen, aus dem Sinn«, aber statt um den Verstand geht es hier um das Herz. Wenn man jemanden nicht erreichen kann, jemanden nicht oft sieht oder wenn derjenige weit weg ist, denkt man angeblich weniger an ihn und behält ihn nicht so leicht im Herzen. Das widerspricht der alten englischen Weisheit *Absence makes the heart grow fonder* (»Die Liebe wächst mit der Entfernung«). Warum sollte man denn auch etwas, das man nicht direkt vor Augen hat, gleich automatisch vergessen? Aber vielleicht ist doch etwas dran – man sagt ja, die Augen können größer sein als der Magen, also sind sie vielleicht auch größer als das Herz.*

* Was ich nicht glaube.

רחוק מהעין, רחוק מהלב

fern dem Auge, fern dem Herzen

MALTESISCH

Diese Redewendung ist einfach. Wenn das Auge mit einem mitgeht, bedeutet das, man ist eingeschlafen. Maltesisch wird von rund einer halben Million Menschen auf der Insel Malta gesprochen, aber auch von Tausenden Emigranten, die in Länder wie Australien, Italien und die Vereinigten Staaten ausgewandert sind. Etwa die Hälfte des maltesischen Wortschatzes ist aus dem Italienischen und Sizilianischen abgeleitet, dazu besteht die Sprache auch noch zu 20 Prozent aus englischen Wörtern, was ein ganz schönes Durcheinander ergibt (außerdem ist es die einzige semitische Sprache, die mit lateinischen Buchstaben geschrieben wird). Ob auf Malta, in Finnland oder Timbuktu – wenn man einschläft, sollte man unbedingt seine Augen mitnehmen, sonst findet man im Schlaf wahrscheinlich weder Ruhe noch neue Energie.

għajni marret bija

MEIN AUGE IST MIT MIR

MITGEGANGEN

ITALIENISCH

Dieser idiomatische Ausdruck wird in Italien so gebraucht wie bei uns »Hals- und Beinbruch« – eine Art »Viel Glück!«, begleitet von einem kräftigen Schulterklopfen, bevor man auf die Bühne und ins grelle Scheinwerferlicht gestoßen wird. Wenn jemand Ihnen auf diese italienische Art Erfolg wünscht, lautet die korrekte Antwort: »Der Wolf soll krepieren!«, auf Italienisch *Crepi il lupo!* oder einfach nur *Crepi!* Das bedeutet, Sie sind nun bereit, sich all den tierischen Aufgaben zu stellen, die vor Ihnen liegen. Wenn Sie sich auf eine beängstigende, scheinbar unbezwingbare Herausforderung vorbereiten, denken Sie daran, dass es wahrscheinlich nicht so schlimm wird, wie buchstäblich in das Maul eines Wolfs zu laufen – vielleicht hilft Ihnen das ein bisschen.

ARABISCH

Kennen Sie den englischen Spruch *You win some, you lose some* (»Mal gewinnt man, mal verliert man«)? Das hier ist (mehr oder weniger) die arabische Version davon, aber mit Honig und Zwiebeln, also im besten Fall viel leckerer. Eigentlich eine sehr vernünftige Lebenseinstellung: die Überzeugung, dass die Dinge manchmal zu unseren Gunsten laufen und manchmal alles schiefgeht und dass das Glück wahrscheinlich irgendwo dazwischenliegt. Das erinnert ein bisschen an die japanische Ästhetik Wabi-Sabi, bei der es um die Akzeptanz des Unvollkommenen und Vergänglichen geht. Schließlich ist das Leben unberechenbar – es nimmt oft seltsame Formen an und hat ein furchtbar schlechtes Timing, aber dann ist es auch wieder unfassbar schön, und das ganze Universum richtet sich danach aus, einem auf jede erdenkliche Weise zu helfen. Wenn also ein paar Tage Zwiebeln sind, ist das okay für mich.

يوم عسل، يوم بصل

MANCHE TAGE HONIG, MANCHE TAGE ZWIEBELN

GA

»Ga« ist sowohl der Name eines ghanaischen Volkes als auch seiner Sprache (einer der neun offiziell geförderten Sprachen des Landes). Dieses Sprichwort besagt, dass derjenige, der das Wasser holt (also traditionell lange Strecken bis zu einem Brunnen oder Fluss zurücklegt), auch derjenige ist, der am ehesten den Tonkrug zerbrechen wird. Indirekt bedeutet das: Wenn man nichts Hilfreiches zu sagen und auch sonst nichts beizutragen hat, soll man jemanden, der sich bemüht und dabei vielleicht Fehler macht, nicht kritisieren. Klar, wenn man sich aus allem zurückzieht und nie mehr das Haus verlässt, minimiert man auch sein Fehlerpotenzial. Mit anderen Worten: »Wer nichts macht, macht auch nichts falsch.« Aber damit verzichtet man auch auf eine Menge Überraschungen und Spaß, finden Sie nicht?

faa yalo dzwee gbe

WER DAS WASSER HOLT, WIRD AUCH EHER DEN KRUG ZERBRECHEN

FINNISCH

Wenn man als Hase reist, tut man das ohne Fahrkarte – als »blinder Passagier«. Man schleicht sich an Bord eines Zuges, Busses oder Schiffes und verhält sich möglichst so still und unauffällig wie ein Hase, damit es niemand merkt. Das ist aufregend, aber riskant – selbst wenn man lange Ohren und einen Stummelschwanz hat – und daher nicht unbedingt empfehlenswert. Vielleicht kommt in der Redewendung ein Hase vor, weil er (sogar auf den Hinterbei es in vielen Städten gibt. Er kann einfach durchhoppeln und nach Lust und Laune alle Länder oder Ozeane durchqueren. Schon 1946 haben sich Leute in Fahrwerkschächten von Flugzeugen versteckt und alle möglichen Orte bereist (auch wenn die Erfolgsquote bei unter 24 Prozent liegt). Aber nicht nur Menschen fahren schwarz – auch Tiere können durch Zufall große Entdecker werden. 2013 überlebte eine Katze im vorderen Fahrwerk eines Flugzeugs einen Flug von Athen nach Zürich.

JAPANISCH

Wenn man eine Katze auf dem Kopf trägt, ist man scheinheilig, man täuscht Liebenswürdigkeit vor, um andere glauben zu lassen, man wäre ein Engel, obwohl man etwas im Schilde führt. Mit einer Katze auf dem Kopf versteckt man seine Krallen ebenso wie seine wahre Persönlichkeit. Ganz ähnlich wie bei der Redewendung »ein Wolf im Schafspelz«, denn Katzen sehen immer – auch nachdem sie Ihnen die Vorhänge zerfetzt haben – vollkommen unschuldig aus.
Die Japaner sind bekanntlich etwas besessen von Katzen (sie sollen Glück bringen), daher gibt es dort viele wunderbare Redewendungen, umgangssprachliche Ausdrücke und Sprichwörter mit Katzen: komisch schauen wie eine Katze, die auf den Tee pustet; herumtoben wie eine Katze, die mit einer Walnuss spielt; sich erschrecken wie eine Katze vor einem Regenschirm; Katzen und Reislöffel (»absolut jeder«) … und so weiter und so fort.

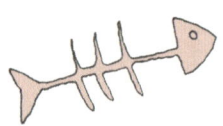

猫をかぶる

eine Katze auf dem Kopf tragen

FRANZÖSISCH

Diese idiomatische Wendung aus dem Land des Weins, des Käses und der Mode benutzt man, wenn man sich beim Argumentieren endlos weit vom Thema entfernt und seinen Gesprächspartnern versichern muss, dass man wieder auf das zuvor Erwähnte zurückkommen wird. Es ist eine Art »Aber das gehört nicht hierher … kehren wir jetzt also zu unseren Schafen zurück« für den Moment, in dem man sich in die Konversationswildnis begeben hat, aber wieder zurückfinden möchte – was man selbstverständlich genau so geplant hatte, um kultiviert und weltgewandt zu wirken. Die Redensart ruft Bilder von verlorenen, zerstreuten Hirten und selbstbewussten Schafen hervor, die bestimmen, wo es langgeht. Sie stammt aus der französischen Komödie ›Die Farce Maître Pierre Pathelin‹ aus dem 15. Jahrhundert, in der es um billigen Stoff, gestohlene Schafe und vorgetäuschten Wahnsinn geht, begleitet von allerlei Verwirrung.

JE RETOURNE A MES MOUTONS

ich kehre zu meinen Schafen zurück

ITALIENISCH

Wenn man Grillen im Kopf hat, hat man den Kopf voll von etwas, was manche Leute »Unsinn« nennen würden – voll von Launen, Fantasie, seltsamen Ideen und Wünschen und Hirngespinsten. Jeder Kopf ist anfällig für diese Grillen, und manchmal können sie uns wunderbar verrückte Dinge tun lassen. Schließlich sind die Menschen, die träumen – wenn auch von unsinnigen Dingen –, oft diejenigen, die nötige Veränderungen herbeiführen. Kann schon sein, dass sie Ziele oder Pläne haben, die so unfassbar hoch gesteckt erscheinen wie die Sprünge der Grillen. Aber man darf nicht vergessen, dass in einem Kopf voller Grillen wahrscheinlich ein so unablässiges Zirpen und Singen herrscht, dass man beim besten Willen nicht mehr klar denken kann.

avere grilli per la testa

GRILLEN IM KOPF HABEN

SPANISCH

Für diesen Vergleich braucht man wohl keine Erklärung, aber es hängt natürlich sowohl von dem Kraken als auch von der Garage ab. Die Redensart bedeutet, dass man sich verwirrt und fehl am Platz, von seiner Umgebung überwältigt vorkommt – wie bei der Wendung »sich wie ein Fisch auf dem Trockenen fühlen«. Interessanterweise geht es in beiden Fällen um Wassertiere außerhalb des Wassers. Jedoch hat der Vergleich nicht unbedingt Hand und Fuß (trotz der acht Arme), denn jüngste Forschungsergebnisse deuten darauf hin, dass Kraken intelligente, sensible Wesen mit ganz unterschiedlichen Persönlichkeiten sind. Sie haben unter allen Wirbellosen das größte Gehirn, und ihre 130 Millionen Neuronen befinden sich nicht nur in ihrem Kopf, sondern auch in den Armen – die Saugnäpfe können sowohl schmecken als auch fühlen. Aber die unglaublichste Möglichkeit ist, dass Kraken tatsächlich mit ihrer Haut sehen können. Also dürfte eine Garage wohl kaum ein Problem darstellen.

JIDDISCH

Wie Arten entwickeln sich auch Sprachen weiter und auseinander, wenn die Sprecher in der Diaspora leben. Jiddisch, die historische Sprache der aschkenasischen Juden, ist aus dem Mittelhochdeutschen mit Einsprengseln aus dem Russischen und Hebräischen entstanden und gehört vielleicht zu den interessantesten und poetischsten Sprachen überhaupt. Diese weit verbreitete Redewendung bedeutet im Prinzip »Hör auf, mich zu belästigen!«. Die Metaphorik kommt zum einen daher, dass jemand tatsächlich auf einen Kessel schlägt, und zum anderen, dass sich der Deckel eines traditionellen Kessels auf und ab bewegt und sinnlosen Lärm macht, wenn das Wasser kocht. Der jiddische Ausdruck soll außerdem von der russischen Wendung »jemandem auf den Teekessel hauen« beeinflusst sein, denn das Wort für »Kessel« ist in der russischen Umgangssprache auch ein Wort für »Kopf«.

נישט קיין טשײַניק! האַק מיר

hau mir nicht auf den Teekessel!

TIBETISCH

Wenn man auf eine blaue Frage eine grüne Antwort gibt, hat die Antwort mit der eigentlichen Frage überhaupt nichts zu tun. So zum Beispiel, wenn in der Politik Kandidaten oder Regierungsmitglieder zu Skandalen und gescheiterten Maßnahmen befragt werden und geschickt jegliche Schwierigkeiten umgehen, indem sie alle mit einer unsinnigen Antwort verwirren. Politiker können sehr gut in dieser Art von Kommunikation sein – sehen Sie es als eine Kunstform, die man üben und schließlich meistern kann. Natürlich kann man aber auch etwas Unpassendes erwidern, wenn man schlicht die Frage vergessen hat oder die Antwort wirklich nicht weiß und sich aus Stolz gezwungen fühlt, irgendetwas daherzureden.

MONGOLISCH

Dies ist eine ziemlich langatmige und herrenhafte Art, jemandem, der geniest hat, etwas zu wünschen. Während man auf Englisch dann *Bless you* (kurz für »Gott segne dich«) und auf Deutsch »Gesundheit« sagt, ist in der Mongolei etwas so Einfaches nicht immer ausreichend. Also drückt man zusätzlich noch die aufrichtige Hoffnung aus, der Schnurrbart des Niesenden möge wachsen wie Gestrüpp. Einigen Quellen zufolge ist dies heute nicht mehr gebräuchlich (erst recht nicht, wenn eine Frau niest) und ein »Gott segne dich« völlig ausreichend. Viele Mongolen jedoch scheinen den Schnurrbart-Segen in jedem Fall als Reaktion zu erwarten. In Frankreich kommt es darauf an, wie oft man niest. Beim ersten Mal sagt man *À tes souhaits* (»Auf deine Wünsche«) und beim zweiten Mal *À tes amours* (»Auf deine Lieben«), worauf der Niesende dann antwortet: *Que les tiennes durent toujours* (»Mögen die deinen für immer andauern«).

бурхан бутын сахал

оршоо чинээ урга

GOTT SEGNE DICH UND MÖGE DEIN SCHNURRBART WACHSEN WIE GESTRÜPP

BULGARISCH

»Steter Tropfen höhlt den Stein« – in dieselbe Richtung geht auch dieses bulgarische Sprichwort. Schritt für Schritt kann man fast alles schaffen, also ist es okay, wenn Sie Ihren Aufstieg zur Größe mit nur ein, zwei Tropfen Inspiration beginnen; irgendwann kommen Sie an und können dann in einem ganzen See planschen. Klingt das nicht wundervoll?

Es ist ziemlich erstaunlich, dass Seen, Flüsse und Ozeane 70 Prozent unseres Planeten bedecken, vor allem, weil die Wissenschaft immer noch nicht genau weiß, wo das ganze Wasser eigentlich hergekommen ist. Manchmal sehnt man sich nach dem Geruch von kühlem Regen auf roter, von der Sonne erhitzter Erde. Dafür gibt es im Englischen übrigens auch ein Wort: *petrichor*. Es beschreibt den süßlich-erdigen Duft, der einem in die Nase steigt, wenn Regen auf ausgetrockneten Boden fällt.

капка по капка –
вир става

Tropfen um Tropfen wird es
ein ganzer See

 RUMÄNISCH

Viele Redewendungen klingen komisch, wenn man sie wörtlich übersetzt. Rumänische können besonders verwirrend sein und wären ohne Erklärung wohl kaum verständlich. Aber wie wundervoll sie sind! »Jemanden aus den Wassermelonen ziehen« bedeutet, jemanden verrückt machen, aus der Fassung bringen. Während wir übrigen uns wundern, fallen Rumänen die Gesichter herunter *(I-a picat fața)*; sie verlieren nicht die Beherrschung, sondern ihnen springt der Senf davon *(Îi sare muştarul)*. Sie werden Ihnen nicht sagen, Sie sollen keine Zeit vergeuden, sondern Sie sollen aufhören, die Minze zu zerreiben *(a freca menta)*, und ein Rumäne wird Sie nicht anlügen, sondern Ihnen Berliner verkaufen *(a vinde gogoşi)*. Flimmert Ihr Fernseher in Rumänien? »Der Fernseher hat Flöhe!« *(Televizorul are purici)*. Und statt Atem zu schöpfen, ziehen Sie sich die Seele heran *(a-şi trage sufletul)*. Diese faszinierende Liste ließe sich problemlos fortsetzen.

BRASILIANISCHES PORTUGIESISCH

Genau genommen ist es hauptsächlich der Schwarze Kaiman, der seelenruhig den Amazonas-Regenwald terrorisiert, indem er sich eine Vielzahl an Fischen, Vögeln und Säugetieren schmecken lässt (im Amazonas gibt es weder Alligatoren noch Krokodile, es sei denn, ein paar vereinzelte Exemplare letzterer wären zufällig dort gelandet). Aber wenn Kaimane noch klein sind, werden sie oft von Piranhas gejagt. Dieses Sprichwort enthält scheinbar eine nützliche Botschaft – so nach dem Motto: »Wenn du dich in unsichere Gewässer begibst, sei besonders vorsichtig« –, aber weder Krokodile noch Kaimane legen sich außer beim Kampf mit Artgenossen oder ihrer Beute freiwillig auf den Rücken, weder im Wasser noch an Land.

em rio que tem piranha,
jacaré nada de costas

IN EINEM
FLUSS VOLLER PIRANHAS
SCHWIMMEN KAIMANE
AUF DEM RÜCKEN

UKRAINISCH

Im Gespräch bedeutet diese Redensart, dass man von einer Sache keine Ahnung hat und sie einen nichts angeht. Es muss nicht unbedingt ein kleines Haus sein; die wörtliche Übersetzung ist »Hütte«, aber wir können davon ausgehen, dass auch die meisten anderen Arten von Behausungen akzeptiert werden würden. Die ausführlichere Version lautet: »Meine Hütte steht auf der anderen Seite des Dorfs; ich weiß nicht, wovon du sprichst«, und erinnert an die Wendung »Mein Name ist Hase …«. Die meisten Ukrainer scheinen von Natur aus nicht besonders neugierig zu sein (außer es geht um Fremde). Sie sind bei Privatangelegenheiten im Allgemeinen sehr respektvoll und stecken ihre Nasen nicht an Orte, an die sie nicht unbedingt hingehören.

МОЯ ХАТА СКРАЮ

Mein Häuschen ist am Rand

TSCHECHISCH

Insgesamt klingt das hier nach einer ziemlich schlechten Idee. Sofern man keine übersinnlichen, schlangenbeschwörerischen Fähigkeiten hat, sollte man das nicht in die Tat umsetzen. Diese Redewendung ist die tschechische Entsprechung von »sich in die Höhle des Löwen begeben« (ebenfalls eine schlechte Idee). Mit nackten Füßen eine Schlange zu tätscheln bedeutet, sich bewusst in eine fast zwangsläufig schreckliche, sogar lebensbedrohliche Situation zu begeben. Aber trösten Sie sich damit, dass es in Tschechien relativ wenige Schlangen gibt. Ringel-, Würfel-, Glatt- und Äskulapnattern sind nicht giftig und werden wahrscheinlich vor Ihnen mehr Angst haben als umgekehrt. Die einzige giftige Schlange, vor der man sich in Tschechien hüten sollte, ist die Kreuzotter (auf Tschechisch zmije), aber selbst sie kann einem gesunden, kräftigen Menschen nicht viel anhaben – ihre Bisse sind schmerzlich, aber selten tödlich.

HLADIT BOSOU HADA NOHOU

mit nackten Füßen eine Schlange streicheln

HINDI

Die englische Entsprechung hierzu wäre *Empty vessels make the most noise* (»Leere Fässer machen den größten Lärm«), und beides bedeutet, dass diejenigen, die wenig echtes Wissen haben, um dieses Bisschen aber gern viel Aufhebens machen; sie sind laut, hüpfen herum oder fuchteln heftig mit den Armen, oft ohne Grund. Häufig verhalten sich diejenigen, die viel oder sogar alles wissen (auch wenn ich so jemanden noch nie getroffen habe), ruhig und unauffällig – »stille Wasser sind tief«. Manchmal kann man das Wichtige in wenigen Worten zusammenfassen, und manchmal, wenn es der richtige Moment ist und die Sterne günstig stehen, sagt ein Schweigen alles.

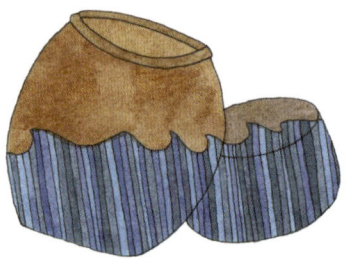

अधजल गगरी छलकत जाए

halb volle Töpfe platschen mehr

RUSSISCH

Wenn ein Russe sagt, er werde Ihnen zeigen, wo der Krebs überwintere, hat er keine Expedition à la David Attenborough mit Ihnen vor, die er dann mit einer lustigen Krustentier-Anekdote abschließt. Sondern er wird Ihnen zeigen, was Sache ist, Ihnen seine Meinung sagen, also passen Sie gut auf. Im Deutschen gibt es einen Spruch mit derselben Bedeutung, in dem ebenfalls ein Wassertier vorkommt: »jemandem zeigen, wo der Frosch die Locken hat«. Flusskrebse können in gefrierendem Wasser nicht überleben, deshalb wohnen sie hauptsächlich in fließenden Gewässern und ziehen in tiefere Zonen, wenn es an der Oberfläche zu kalt wird. Die Krebse wissen schon, wo sie überwintern können – ihnen muss man das also nicht erst zeigen.

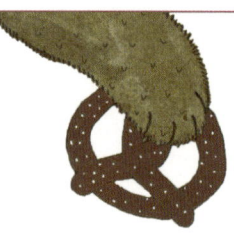

DEUTSCH

Wo der Bär steppt, geht die Party ab. Im weiteren Sinne ist an dem Ort, wo der Bär tanzt, viel los, dort herrscht gute Stimmung, das ist *the place to be* – sozusagen ein Hotspot. Die Redewendung soll aus dem Mittelalter stammen, als Wanderzirkusse ab und zu durch abgelegene, ruhige Landstriche zogen und den Einheimischen etwas Abwechslung boten. Früher, als Tanzbären noch eine beliebte und akzeptierte Attraktion waren (Tierschutzaktivisten machten sich zwischen dem 5. und 15. Jahrhundert nicht bemerkbar), bedeutete das Musik und Spaß, und die Menschen staunten ehrfürchtig über die riesigen, zur Unterhaltung dressierten Pelztiere. Übrigens können Bären auch ungezähmt in der Wildnis ganz wunderbar tanzen, wenn ihnen niemand zusieht.

DÄNISCH

Wenn es einen halben Pelikan bläst, ist es schon verdammt windig. Sie fragen sich vielleicht, ob es in Dänemark sehr viel stürmt und Menschen, Katzen und Hunde ständig überallhin geweht werden. Also: ja. Das dänische Klima ist eigentlich in Anbetracht seiner nördlichen Breite ziemlich mild (es wird kaum kälter als 0 °C / 32 °F und kaum wärmer als 17 °C / 63 °F), aber das Land ist fast vollständig von Wasser umgeben, und der starke Westwind führt dazu, dass die dänischen Windkraftanlagen an manchen Tagen sogar 140 Prozent des Strombedarfs erzeugen können. Deshalb ist diese Redewendung wirklich einleuchtend, und zwar nicht zuletzt, weil eins der größten Mitglieder der Familie der Pelikane – der Krauskopfpelikan – in Dänemark lebt. Diese riesigen Vögel haben eine Flügelspannweite von über drei Metern und sind dafür, dass sie fliegen können, sehr, sehr schwer.

Det blæser en halv pelikan

ES BLÄST EINEN HALBEN PELIKAN

TÜRKISCH

Hinter diesem Sprichwort steckt die Idee, dass wir den Menschen um uns herum immer ähnlicher werden und reifen, indem wir von ihnen lernen. Der Motivationsredner Jim Rohn hat einmal gesagt: »Du bist der Durchschnitt der fünf Menschen, mit denen du die meiste Zeit verbringst«, und wenn man ihm glaubt, sollte man sich gut überlegen, wer diese Menschen sind. Hauptsächlich, weil schlechtes Benehmen und allgemeine Unfreundlichkeit »abfärben« und sehr ansteckend sein können, aber auch, weil viele »schlechte« Menschen bei näherer Betrachtung erst durch andere schlecht geworden sind. Ob es uns passt oder nicht, wir – unsere Entscheidungen, unser Selbstwertgefühl, unsere Denkmuster – werden von unseren Nächsten stark beeinflusst, seien das nun Trauben oder Menschen.

ARMENISCH

Dieser idiomatische Ausdruck bedeutet im Prinzip »Hör auf, mich zu nerven!« und kann wunderbar verwendet werden, wenn jemand Ihnen aufdringliche Fragen stellt oder allgemein einfach nicht versteht, dass Sie Ihre Ruhe haben wollen. Nehmen Sie sich in Acht vor Leuten mit durchdringendem Blick und neugierigem Gesichtsausdruck. Das sind meist diejenigen, die Ihnen entweder sinnlose, aber aufgeregte Fragen stellen oder Sie mit irgendwelchen kruden Theorien behelligen, von denen Ihnen schnell der Kopf schmerzen wird, als würde ihn jemand bügeln. Dabei wäre gerade Bügeln vielleicht eine gute Methode, um sich nach einer solchen Attacke wieder zu beruhigen – versuchen Sie es mal mit dem leisen Zischen von Dampf und dem Duft von frischer Baumwolle.

NORWEGISCH

Diese Redensart gibt es auch in einigen anderen skandinavischen Sprachen und kann in verschiedenen Situationen angewendet werden. Zum einen bedeutet sie »auf frischer Tat ertappt werden«. Zum anderen wird sie aber auch oft gebraucht, wenn jemand eigentlich nicht schuld ist, aber trotzdem in einer unglücklichen, misslichen Lage überrascht wird und »am Ende der Dumme ist«. Anscheinend kann man damit auch jemanden beschreiben, der nicht mehr weiterweiß oder dessen Pläne durchkreuzt wurden. Die Wendung stammt angeblich aus einer Geschichte über einen Postangestellten im alten Dänemark, der Geld gestohlen hatte. Er wurde verurteilt, nachdem Barthaare von ihm in dem Safe gefunden wurden, den er seiner Aussage nach nie berührt hatte. Deshalb hier der Hinweis, dass eine kriminelle Karriere für Bärtige eher nicht ratsam ist.

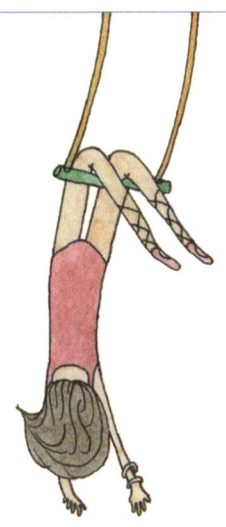

POLNISCH

Wenn es nicht Ihr Zirkus ist und auch nicht Ihre Affen sind, dann ist es nicht Ihr Problem. Dieser umgangssprachliche und leicht scherzhafte Spruch kann auch in missbilligendem Ton benutzt werden, um damit zu sagen, dass man für eine Sache nicht verantwortlich sein will. In Polen wird er häufig gebraucht, um im Gespräch »das Handtuch zu werfen«. Wenn man zum Beispiel jemanden warnen möchte, dass etwas keine gute Idee ist, derjenige aber einfach nicht hören will, kann man sagen: »Nicht mein Zirkus, nicht meine Affen, also mach doch, was du willst«, und lässig davonschlendern. Allgemein herrscht anscheinend der Konsens, dass es eher ein moderner – aber darum nicht weniger charmanter – Ausdruck als ein altes Sprichwort aus dem polnischen Volksmund ist.

FARSI

Diese etwas morbide, aber durchaus faszinierende Wendung ist nur eine von vielen Redensarten des Farsi, die zunächst wenig Sinn ergeben. Die wörtliche Übersetzung würde die meisten Leute auf den ersten Blick (beziehungsweise den ersten Biss) anwidern, aber unter Muttersprachlern ist dieser Ausdruck tatsächlich ein Kompliment. Es gibt ihn, in leicht veränderter Schreibweise, auch in anderen persischen Dialekten. Mit *Jeegaretō bokhoram* drückt man tiefe Zuneigung und Liebe aus, man sagt es in der Regel nur zu Familienmitgliedern, engen Freunden oder anderen nahestehenden Menschen sagen. Es bedeutet so viel wie »Ich würde alles für dich tun«, »Mein Herz gehört dir« oder »Ich liebe dich so sehr, dass ich dich auffressen könnte«.

jeegaretō bokhoram

ICH MÖCHTE DEINE LEBER ESSEN

SUAHELI

Die Suaheli sind eine kosmopolitische Gesellschaft, die an der ostafrikanischen Küste lebt. Suaheli ist eine Bantusprache und wird von der Küste bis zum Umland der großen afrikanischen Seen von 150 Millionen Menschen als Verkehrssprache beherrscht (wovon aber nur 5 bis 15 Millionen Muttersprachler sind). Dieses Sprichwort besagt, dass das Meerwasser den Durst eines Menschen auch nach einer langen, anstrengenden Reise niemals stillen wird. Zudem kann man Parallelen zwischen dem Wasser des Ozeans und dem Reichtum wohlhabender Leute ziehen, die den Bedürftigen meist nichts abgeben. Solcher Reichtum wirkt aus der Perspektive des armen Mannes wie Verschwendung, weil er nichts davon hat – er kann ihn nur aus der Ferne betrachten. Die Menschen, die in der Region der großen Seen leben, zum Beispiel am Victoriasee (dem größten See Afrikas), sind Tausende Kilometer vom Indischen Ozean entfernt, aber durch den kulturellen Austausch wissen sie schon immer, dass das Seewasser süß ist im Vergleich zum wilden Salzwasser des Ozeans.

KOLUMBIANISCHES SPANISCH

Redewendungen sind eigenartige Ausdrücke, die man sich nicht anhand der einzelnen Wörter erschließen kann – sie sind mehr als die Summe ihrer Teile. Diese Wendung bedeutet allen Ernstes, bis über beide Ohren verliebt zu sein. Lassen Sie uns spekulieren: Postboten müssen normalerweise mit Briefen, Päckchen und Ähnlichem viel zu Fuß gehen, also können wir daraus logisch ableiten, dass sie gute Schuhe brauchen, vielleicht feste Stiefel. Und sie brauchen gute Socken, die nicht am Fuß des Postboten hinunterrutschen, während er entschlossenen Schrittes durchs Viertel eilt. Andernfalls könnte die Socke leicht irgendwo an der Schuhspitze landen – also verschluckt werden. Wahrscheinlich ist das so ähnlich, wie wenn man ganz von Liebesgefühlen verschluckt wird – von der Liebe überwältigt, von der Liebe eingenommen, so was eben.

IGBO

Dieses Sprichwort stellt eine rhetorische Frage, so ähnlich wie: »Wer kann dieses Rätsel schon lösen?« Igbo ist eine der vier Amtssprachen Nigerias und hat etwa 24 Millionen Sprecher in Nigeria und Äquatorialguinea. Aber bei über 20 verschiedenen Dialekten kann es schon mal etwas verwirrend werden. Sprichwörter sind für die Igbo ein wesentlicher Bestandteil ihrer Kultur – und ein wichtiges Mittel, um sie zu verbreiten –, daher trifft man Sprichwörter im formellen, familiären und alltäglichen Sprachgebrauch überall an. Laut der Igbo Community Association of Nigeria machen sich die Igbo selten die Mühe, ihre Sprichwörter zu erklären, sondern erwarten, dass sich ihre Gesprächspartner die Bedeutung selbst erschließen. Der verstorbene nigerianische Romanautor und Dichter Chinua Achebe beschrieb die Sprichwörter der Igbo einmal als »das Palmöl, mit dem Wörter gegessen werden«.

A MA KA MMIRI SI WERE BAA N'OPI UGBOGURU?

wer weiß schon, wie Wasser in den Stiel des Kürbisses gekommen ist?

FILIPINO

Diesen Ausruf hört man von Philippinern, wenn sie überrascht sind. Der Spruch bedeutet »Oh! Was ist das denn?!« und wird benutzt, wenn etwas Ungewöhnliches oder völlig Unerwartetes passiert, zum Beispiel, wenn man sich den Zeh anstößt, wenn die Dusche entweder glühend heiß oder eiskalt ist oder wenn man eine besonders gute Nachricht erhält.

Pferde sind übrigens selbst sehr erstaunliche Lebewesen: Sie haben drei Augenlider, können im Stehen oder Liegen schlafen, bestimmte Rassen laufen über 160 Kilometer weit, ohne anzuhalten, und ihr Gedächtnis ist mindestens so gut wie das von Elefanten – wenn Sie sich mit einem Pferd anfreunden, wird es Sie niemals vergessen. Und wenn ein Pferd rosa (statt grauer) Haut hat und die Sonne scheint, braucht es Sonnenschutzmittel.

AROMUNISCH

Diese Redewendung ist fast identisch mit dem Sprichwort »Eine Schwalbe macht noch keinen Sommer«, das sich auf die regelmäßige Rückkehr der Zugvögel zu Beginn der Sommermonate bezieht und ursprünglich aus einer Fabel des griechischen Dichters Äsop stammt. Aristoteles schrieb dazu: »Denn eine Schwalbe und ein einziger Tag machen noch keinen Frühling; so macht auch ein Tag oder eine kurze Zeit noch niemanden glücklich und selig.« Er wusste, wovon er sprach. Sowohl das deutsche wie auch das aromunische Sprichwort bedeuten, dass ein einziges, aber scheinbar bedeutsames Ereignis nicht unbedingt auf ein Muster oder einen Umschwung hindeutet – nun sind Sie gewarnt, also überstürzen Sie nichts und ziehen Sie keine voreiligen Schlüsse bezüglich der Pflanzzeit und des Wetters. Aromunisch hat einiges mit Rumänisch gemeinsam – beide sind romanische Sprachen, die in Südosteuropa gesprochen werden –, aber Aromunisch ist stärker vom Griechischen als vom Slawischen beeinflusst.

primuveară nu s-adutsi
mash c-ună lilici

EINE BLUME MACHT NOCH
KEINEN FRÜHLING

DANKSAGUNG

Ich kann meiner Nicht-mehr-Agentin Elizabeth Evans nicht nicht danken – du weißt ganz genau, wie sehr du mir geholfen, wie viel du mir gegeben hast. Danke, dass du so fest an ein Mädchen geglaubt hast, das absolut keinen Schimmer hatte, was es da eigentlich tat. Vielleicht kannst du mit meiner ewigen Liebe und Dankbarkeit nicht unbedingt etwas anfangen, weil das komisch ist, aber du hast sie trotzdem.

Danke an alle Mitarbeiter der Jean V. Naggar Literary Agency, zu denen einige der nettesten Menschen überhaupt gehören – ich habe Glück, dass ihr mich immer vom Boden aufsammelt, wenn ich mal wieder stolpere. Ein riesiges Dankeschön an Jennifer Weltz, die so viele andere Länder davon überzeugt hat, mein erstes Buch zu veröffentlichen, und weil sie es auf sich genommen hat, meine Agentin zu werden – wir werden die Welt erobern.

An das gesamte Team von Ten Speed Press: Danke. Ich habe zwar niemanden von euch je persönlich kennengelernt, aber ich bin sicher, wir würden eine Menge Spaß miteinander haben. Danke an euch alle, dass ihr mich an der Hand gehalten und ein zweites Buch habt machen lassen. Kaitlin Ketchum, eine Lektorin wie dich hat der Himmel geschickt: Danke, dass du diesen Prozess so magisch und glitzernd gemacht hast wie beim letzten Mal. An Nicola Barr, Anna Redman, Rosemary Davidson und alle von Square Peg in Großbritannien.

Und an meine Familie, die wie keine andere ist.

Und an Vincent.

Danke.

ÜBER DIE AUTORIN

Ella Frances Sanders ist notgedrungen Schriftstellerin und durch Zufall Illustratorin. Zurzeit wohnt und arbeitet sie ohne Katze in Bath, Großbritannien. Ihr erstes Buch ›LOST IN TRANSLATION. Unübersetzbare Wörter aus der ganzen Welt‹ wurde ein New-York-Times-Bestseller und, vielleicht paradoxerweise, in viele andere Sprachen übersetzt. Ihr ist immer noch nicht ganz klar, wie es dazu kommen konnte, aber es scheint ganz gut zu laufen. Man findet sie auf ellafrancessanders.com und an weiteren Orten in den sozialen Medien.

ÜBER DIE ÜBERSETZERIN

Marion Herbert studierte Literaturübersetzen in Düsseldorf. Sie übersetzt aus dem Englischen und Französischen, u.a. das Autorenduo Laura Tait & Jimmy Rice, Phillipa Ashley und Neil Cross, aber auch Klassiker wie Virginia Woolf und Antoine de Saint-Exupéry.

Die englische Originalausgabe erschien 2016 unter dem Titel ›The Illustrated Book of Sayings: Curious Expressions from Around the World‹ bei Ten Speed Press, an imprint of the Crown Publishing Group, a division of Random House LLC, a Penguin Random House Company, New York.

© 2016 by Ella Frances Sanders

© 2018 für die deutsche Ausgabe: DuMont Buchverlag, Köln
Alle Rechte vorbehalten.
Übersetzung: Marion Herbert
Gestaltung der Originalausgabe: Lizzie Allen
Gestaltung der deutschen Erstausgabe: Sarah Meuer
Druck und Verarbeitung: Druckerei Rasch, Bramsche
Printed in Germany

ISBN 978-3-8321-9938-8
www.dumont-buchverlag.de

Quellen: kzr.agrobiologie.cz, www.chinatownstories.com, www.etymologiebank.nl, secouchermoinsbete.fr, www.deutschland-feiert.de, www.afriprov.org, mek.oszk.hu, www.icandfw.com, blogs.ei.columbia.edu, www.phrases.org.uk, virtualneko.com, www.omniglot.com, www.wordsense.eu, afroginthefjord.com, www.quora.com, www.elephant.org.il, serbiantiger.blogspot.co.uk, inthegarlic.com, www.spanishdict.com, interfluency.wordpress.com, *Dutch Messengers* von Cornelis Dirk Andriesse, *The Netherlands and World War I* von Hubert P. van Tuyll van Serooskerken, *Dutch Foreign Policy Since 1815* von Amry Vandenbosch, *Wordbook of Australian Idiom – Aussie Slang* von Kerrin Rowe und Carol Rowe, *The Invisible Code* von William M. Reddy, *Halima* von Mercy Ngozi Alu.